ルール守ろう

所属会社のルール、派遣先のルール、交通ルール…
警備業務を行うにはさまざまなルールがある。

これらの中には、ビルの入居者や通行人を守るため
以外に、自分の安全を守るためのルールもある。

こうしたルールは、まずは、あなたが守らなければ
意味がない。たとえ急いでいても、手間がかかっても、
ルールは必ず守ること。

一人ひとりが安全のルールを守ることではじめて、
周囲の人々の、そしてあなた自身の安全が守られる。

唱和しよう!

必ず守ろう安全のルール　守る自分は　守られる

警備業務の基本

正しい勤務姿勢・態度

- 時間と気持ちに十分余裕を持って配置につく。
- 勤務中は常に正しい姿勢を保ち、広い視野を確保!
- 行動はムダなくテキパキと!

周囲を見渡せる正しい姿勢で!

とっさに手が動かせない"ポケットハンド"は厳禁

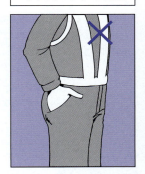

唱和しよう!

視野開く　正しい姿勢と　心のゆとり

はじめに・・・・・

この小冊子では、警備業務に携わる人が、安全・健康に働き続けるために知っておくべき基本的な事項やルールを、わかりやすくまとめています。

目次

- ■ ルール守って安全職場! ……………………………………… 2
  - ● 警備業務の基本
    - ・正しい勤務姿勢・態度 …………………… 3
    - ・決められた服装・装備で ………………… 4
    - ・実践! 報・連・相 ………………………… 5
- ■ 施設警備業務
    - ・警備計画の確認と遵守 …………………… 7
    - ・巡回の要注意ポイント! …………………… 8
    - ・緊急時対応 ………………………………… 9
- ■ 機械警備業務 (モニター監視) ……………………………… 10
- ■ 交通誘導警備業務
    - ・装備資機材の適切な使用 ………………… 11
    - ・身を守るための立ち位置 ………………… 12
    - ・合図の確認と遵守 ………………………… 13
  - ● ここが危ない!多発事故パターン ……………………14-19
  - ● 貴重品運搬警備業務
    - ・運搬・積卸し時のポイント ……………… 20
    - ・安全運転のポイント ……………………… 21
- ■ 健康管理
    - ・健康診断を活かす ………………………… 23
    - ・防ごう熱中症 ……………………………… 24
    - ・ストレスケア ……………………………… 27
    - ・よい睡眠を ………………………………… 28
  - ● KY (危険予知) の実践 ……………………………………… 29
  - ● 活かそう ヒヤリ・ハット ……………………………………… 31
- チェックリスト ……………………………………… 33・34

警備員
安全・健康ポケットブック

中央労働災害防止協会 編

決められた服装・装備で

- 決められたとおりに服装・装備を着用する。
- 常に清潔で端正に着用する。
- 不要なもの・私物は持たない。
- 身分を表す身分証明書を着用する。

唱和しよう！

服装は　いつもきれいに端正に

> 実践! 報(ホウ)・連(レン)・相(ソウ)

報 告：仕事の進み具合や結果を伝える
連 絡：仕事をスムーズに進めるための情報を伝える
相 談：仕事の進め方などのアドバイスをもらう

> 報　告

- キッパリした言葉で、結論から簡潔に伝える。
- トラブルやミスは、言いづらくても先に伝える。
  早ければ早いほど多くの解決策を打てる。

たぶん大丈夫だと思います…

たしか確認したはずです

あいまいな言葉は不確実な証拠!

連　絡

- 5W1Hをもれなく、正しく伝える。
- あらかじめメモを作っておくと確実。
- 自分が連絡を受けたら重要事項を復唱する。
（日時、電話番号、名前など）

5W1H

Who：だれが　When：いつ　Where：どこ
Why：なぜ　　What：何を　　How：どのように

相　談

- 自分で解決できない問題はそのままにしない。
- 自分なりの解決策を考えてから相談すると
より良いアドバイスが得られる。

唱和しよう！

報・連・相（ホウレンソウ）　　安全職場の栄養素

施設警備業務

警備計画の確認と遵守

- 警備計画書・警備指令書の内容や関係法令、施設の規定等をしっかり把握!
- 昇降機、防火シャッター、防火扉など設備や電子錠、鍵の取扱い方法はあらかじめ確認。
- 前任者から業務を引き継ぐ際、安全面の注意点(事故・災害事例、危険を感じた箇所など)も聞く。
- 五感を働かせ通常とは違う繊細な変化を発見できるようにする。

唱和しよう!

確認しよう　業務手順と危険箇所

巡回の要注意ポイント!

- 足元・階段・頭上に注意
  - 足元の段差 ・ 急な階段 ・ 頭上の出っ張り
- 夜間勤務では明るいうちに要注意ポイントを確認。
- 警報機器が作動し、あわてて駆けつけると転倒や激突など事故の危険が! 落ち着いて行動する。

ほかにもこんな危険が!

冬に凍った路面で…

普段は置いていない荷物で…

唱和しよう!

慣れた道　油断大敵　再確認

緊急時対応

- もし今、火災や事故が発生したら「だれに・どうやって連絡すればよいか?」をいつも意識する。

- 火災発生時は初期消火・避難誘導を行うが、自分の安全確保のため、危険を感じたら避難する。

- 不審物を発見した場合は「踏むな」「触るな」「蹴飛ばすな」を守り非常時連絡網に従って連絡する。

災害時には自らの安全も守る!

唱和しよう!

普段から　頭に描こう　"いざ!"の時

機械警備業務(モニター監視)

【ドライアイ・疲れ目の対策】
- 照明が画面に映りこまないようモニターを調整する。
- 画面と眼の間は40cm以上離す。

【長時間の座り姿勢による負担の対策】
- 深く腰掛け、背筋を伸ばし背もたれに当てる。
- モニターをやや見下ろすように椅子・モニターの高さを調節する。
- 長時間座り続けたら急に立たない。
  立ちくらみによる転倒、ぎっくり腰の原因に!

  *目の疲れを取るマッサージをしよう。
  ・こめかみを、親指の腹で押さえる。
  ・目頭と鼻柱の間の凹みの辺りを、親指の腹で押さえる。
  ・瞳の約3cm下のくぼみを、人差し指で押さえる。

唱和しよう!

いたわろう　顧客を守る　監視の目

交通誘導警備業務

装備資機材の適切な使用

- 決められた装備品（手旗・誘導灯、警笛、トランシーバ等）を身に付ける。
- 夜間は夜光性・反射性のある安全ベストを。
- 装備品は事前に電池の残量を確認。
- 保安用資機材（保安柵、セフティコーン等）を使用するときは設置・撤去時にも車両等に注意。

唱和しよう!

装備品　もれなく・正しく　身に付けよう

身を守るための立ち位置

- 誘導位置：原則として歩道に立つ。
  * やむを得ないときは車道の左端・保安用資機材の内側
  * 工事車両・一般車両・歩行者から見える場所に
  * 停止させるときは絶対に道路中央や車両の正面に立たない

- 車両の後方に立つとき：
  バックミラーで運転者が見える位置に立つ。

- 車両の横に立つとき：
  内輪差・外輪差を考慮し車から離れて立つ。

- 特殊車両の近くに立つとき：
  油圧ショベルの旋回範囲、クレーンの吊り荷の下など危険箇所には絶対に入らない。

> 特に事故の多い道路工事での
> 安全な立ち位置は、P14〜P19の
> 「ここが危ない!多発事故パターン」
> でポイントを押さえよう!

唱和しよう!

誘導は　常に車から　見える位置

合図の確認と遵守

- 合図は分かりやすく大きな動作で。
- 複数で誘導するときは事前に合図の方法を確認。
- 停止の合図は余裕を持って早めに。路面が凍結する冬季や雨天時は停止距離が長くなるので特に早めに。
- 確実に停止するまで対象から目を離さない。
- 進行させるまで停止の合図を継続する。

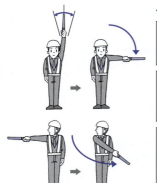

停止・進行の合図

①停止の予告
赤色灯(手旗)を真上に上げて左右に振る

②停止
相手が減速したら、肩の高さまで下ろす
(進行まで継続)

③進行
赤色灯(手旗)で相手を指してから下に下ろし、進行方向と平行に大きく振る

唱和しよう!

伝えよう　合図は大きく　明確に

ここが危ない！多発事故パターン

運転者からの死角に入ってしまうと…

● トラックの後進誘導で、運転者からの死角に近い車両後方を歩いていたときに、つまずいてトラック側に転んだところをはねられた。

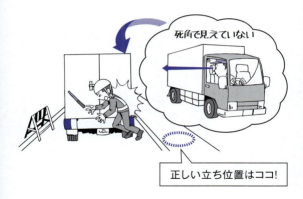

死角で見えていない

正しい立ち位置はココ！

車両の誘導は、運転者から視認できる位置で。後進誘導では、直視かバックミラーで運転者の顔が見える位置で、警笛も使って合図する。

ここが危ない！多発事故パターン

内輪差・外輪差を考慮しないと…

● 路地の角を曲がるトラックの誘導中、内輪差により急に迫ってきたトラックと壁の間に挟まれた。

逃げ場のある位置に立つ

角を曲がる車両を誘導するときは、前進では内輪差、後進では外輪差を考慮して車から十分離れる。壁や他の車両などで逃げ場がない場所には立たない。運転者から見える位置に立つ。

ここが危ない！多発事故パターン

道路の中央で停止の誘導をしていると…

● 車道の中央付近に立ち車を停止させようとしたところ、前方不注意で直進してきた車にはねられた。

道路で誘導を行う場合は原則として歩道や道路の左側端、または保安用資機材の内側で行う。

ここが危ない！多発事故パターン

道路の中央近くで後ずさりで誘導していると…

● 片側車線を封鎖した工事現場で、道路の中央近くで車両を後進誘導中、うっかり反対車線に出てしまい、反対車線を走ってきた車にはねられた。

原則は歩道上！
横向きで左右に視野を広く！

後進誘導は運転者から視認できる位置で。立ち位置がなく中央近くで誘導するときは原則は歩道上で誘導する。後ずさりしながら誘導せず反対車線にも目を向けやすいよう、体を誘導車両の進行方向と平行にする。

ここが危ない！多発事故パターン

まぶしい光源を背景に立つと…

● 片側交互通行の車道で停車の合図をしていたところ、運転者は対向車の前照灯がまぶしくて警備員の姿が見えず、はねられた。

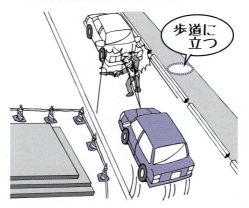

歩道に立つ

夜間の交通誘導では、運転者の目線を考え、背景に強い光源がある場所には立たない。歩道や道路左側端に立ち、車両の動きを注視する。

ここが危ない！多発事故パターン

夏季の交通誘導警備業務では…

● 炎天下の車道で誘導を行っていたところ、熱中症で倒れた。現場から見通しの悪い位置であり、交通量も少なかったため発見が遅れて死亡した。

警備中の熱中症が多発しています。単独作業も多い業務であるため、異常を感じたら早めに対応しないと手遅れになることも。初期症状（めまい・筋肉痛・大量の発汗）が出たらすぐに涼しい場所で水分・塩分補給！
★P24～P26のポイントをしっかり守りましょう★

貴重品運搬警備業務

> 運搬・積卸し時のポイント

【腰痛予防】
- 積卸し作業は無理な中腰姿勢で行わない。

【転落・転倒予防】
- プラットフォームでの作業は足元の段差・隙間に注意。できれば下に受取人を配置する。
- 台車が動かないように固定する。
- 荷物の手渡しは声を掛け合い、確実に渡すまで手を離さない。

【はさまれ防止】
- 金庫室の開閉時に指をはさまれないようにドアの端に手を掛けない。

唱和しよう!

足元・手元・正しい姿勢で　運搬作業

安全運転のポイント

● "急"の付く操作はしない。

急発進・急ブレーキ・急ハンドル

● 常に危険があると想定し、「だろう」運転ではなく「かもしれない」運転を心がける。

● 万一遅れそうなときは、あわてて危険運転をしないよう、会社や先方に連絡して次善の策をとる。

● 前かがみやシートにもたれかかった運転姿勢は視野を狭め、危険の発見を遅らせる。

視野を広くする正しい運転姿勢
① 両肩がシートに接している
② シートと腰の間に隙間がない
③ ブレーキを踏んだときに膝が伸びきらない
④ ハンドルを回したときに腕が伸びきらない

運転前にシート位置を確認しよう

唱和しよう!

確認しよう　運転姿勢と　シート位置

健康管理

> 健康診断を活かす

- 健康診断（1年以内ごとに1回、深夜業務の場合は6カ月以内ごとに1回）は必ず受ける。
- 結果は前回と比べてみる。
- 日ごろ健康について気がかりなことがあれば、問診で聞いておく。

診断結果による医師の指示や注意は必ず守り、会社の健康相談や電話相談の制度があれば活用しよう。

唱和しよう！

生活習慣　見直すきっかけ　健康診断

防ごう熱中症

【熱中症予防の基本】
- 作業前・作業中に必ず水分・塩分補給を!
- 作業はできるだけ日陰、休憩は涼しい場所で。
- 日ごろから「睡眠」「食事」「水分補給」をしっかり!

作業前に自分でチェック・仲間とチェック

入浴前・就寝前・起床後の水分補給は脱水対策に有効。体の水分を奪うエアコンの風は直接受けないように調節する。熱中症対策は日常生活から!

高温多湿な現場で勤務するときは、水分・塩分補給とともに、休憩時間に水をかぶっておくことも予防に効果的。

【熱中症かな?と思ったら】

● 大量の発汗、めまい、ふらつき
　→すぐに上司・現場監督者に報告して
　　涼しい場所へ移動し水分・塩分補給を!

● 症状が治まらなければ医療機関に連絡してもらう。
　危険なので自分一人で行かないこと。

帰宅中や帰宅後に倒れて死亡する事故も。暑熱な現場で勤務した後は、体温が平熱に落ち着くまで休憩してから帰宅すること。

【仲間が熱中症になったら】

- ●顔が赤い・めまい・ふらつき・普段と違う言動
  →すぐに声をかけて涼しい場所へ。
  回復するまで一人にさせないこと。

- ●もし倒れてしまったら以下のように対応。

意識はあるか？ → ない → すぐ救急車を呼ぶ!

↓ある

涼しい場所へ

↓

服をゆるめて
うちわや氷で冷却

↓

水分をとれるか？ → とれない → 医療機関へ

↓とれる

水分・塩分補給

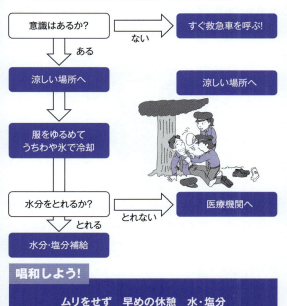

涼しい場所へ

唱和しよう!

ムリをせず　早めの休憩　水・塩分

ストレスケア

緊張が持続した状態で単独で勤務することの多い警備業務は、自分で思う以上にストレスを受けるもの。強いストレスは、心だけでなく体の不調を引き起こすこともある。休養や市販薬でも治まらない体調不良は、ストレスが原因となっている可能性も考えられる。

めまい / 頭痛 / 吐き気 / 食欲低下 / 腹痛 下痢 / 体重減少

心身の不調を自覚したら、会社の相談窓口があれば利用したり、家族・同僚に相談するなど、深刻な状態にならないよう早めに対策を!

唱和しよう!

見逃すな　小さな気がかり　ストレスケア

よい睡眠を

集中力の必要な警備業務で仕事の質を維持するには、質のよい睡眠で毎日の頭と体の疲れをとることが不可欠。また、質のよい睡眠は生活習慣病のリスクを減らしたり、ストレス耐性を高める効果もある。

 ×

【よい睡眠のコツ】

- 毎日決まった時間に起床。
- コーヒー、紅茶、緑茶は就寝4時間前まで、喫煙は就寝1時間前まで。
- 寝酒は「短く浅い」睡眠の元。
- パソコン・ゲーム・スマホの画面の明るさは覚醒作用があるので就寝前は避ける。
- 入浴は40℃以下のぬるま湯に20～30分ゆっくりと。

唱和しよう!

よい睡眠　疲れを残さず　よい仕事

KY(危険予知) の実践

【KY(危険予知)】作業を始める前に、その作業に「どんな危険がひそんでいるか」を話し合って「ここが危ない」と危険予知(=KY)し、その「危ない」状況への対策を決め、必ず実行する。単独作業現場では一人でKYを行う(一人KY)。

〔イラストを使ったKYの例〕

● 作業場面
道路工事現場で通行人の誘導をしている

KYは以下の手順で行います。
1．危険の洗い出し
2．特に重要な災害に結びつく危険項目の選び出し
3．対策を立てる

1.危険の洗い出し（考えられるものをすべて出す）
① 通行人に注意が集中していて、接近する油圧ショベルに気づかずひかれる。
② 盛り土からこぼれた砂利を踏み、滑って転ぶ。
③ 急に旋回したアームに激突される。

2.特に重要な災害に結びつく危険項目を選ぶ
①通行人に注意が集中していて、接近する油圧ショベルに気づかずひかれる。

3.対策を立てる
・油圧ショベルの進行方向を避けて立つ。
・油圧ショベルを移動させるときの合図方法を運転者と警備員であらかじめ決めておく。

・対策は具体的で実行可能なものを考えること。
・日ごろからKYを行い危険感受性を高めておくと、初めての現場でも事故を未然に防ぐことができる。

唱和しよう！

始業前　慣れた作業も　危険予知（KY）

活かそう　ヒヤリ・ハット

「玄関のタイルがぬれており、足を滑らせてヒヤリとした」「巡回中にガラス扉に気づかず激突しそうになりハットした」など、事故にはならなかったが危険を感じた体験が「ヒヤリ・ハット」体験。
そのときは無事に済んだとしても、ヒヤリ・ハットを放置すると、大きな事故が起きてしまうことも。

手に持った帳票を見ながら階段を下りていてヒヤリ!

所属会社や配置先でヒヤリ・ハット報告を求めている場合は、ヒヤリ・ハットを体験したら必ず報告し、また過去の事例があれば確認する。ヒヤリ・ハットの改善については、自らできないものがあれば所属会社や上司、現場監督者に相談すること。

複数で現場を担当している場合は、ヒヤリ・ハット体験を出し合って対策を考えるヒヤリ・ハットミーティングも有効。

唱和しよう!

その体験　仲間を守る　情報源

勤務前にチェック

慣れからくる油断は事故の元。体調や装備、作業の事前準備が抜かりなくできているか、勤務前に各項目を指差して確認しよう。

＊必要のない項目は「要否」欄に×を記入する。

体　　調		要否
①	顔色はよいか	
②	よく眠れたか	
③	食事は食べたか	
④	下痢をしていないか	
⑤	熱はないか	
⑥	(屋外業務)水分・塩分の準備はよいか	
装 備 等		
①	制服・徽章等	
②	安全帽(ヘルメット)／帽子	
③	手袋／白手	
④	安全靴	
⑤	手旗／誘導灯(赤色灯)・電池	
⑥	警笛	
⑦	無線機・電池	
⑧	懐中電灯・電池	
⑨	夜光チョッキ	
⑩	ノート・手帳・筆記用具	
⑪	護身用具	
⑫	救急セット	
⑬	携帯電話	
⑭	資格者証、免許証	

交通誘導警備業務	要否
① 申し送り事項等を確認したか	
② 工事等の作業計画を確認したか	
③ 誘導位置と誘導方法を確認したか	
施設警備業務	
① 申し送り事項等を確認したか	
② 配置ポストと任務内容を確認したか	
③ 不安全箇所をあらかじめ確認したか	
貴重品運搬警備業務	
① 申し送り事項等を確認したか	
② 運行ルートと運搬先の安全情報を確認したか	
③ 道路状況や天候等の一般情報を確認したか	

緊急連絡	名称〔担当者〕・電話番号
所属会社	〔　　　　〕 TEL　（　　）
派遣先	〔　　　　〕 TEL　（　　）
最寄りの 医療機関	〔　　　　〕 TEL　（　　）

警備員 安全・健康ポケットブック

平成28年10月31日　第1版第1刷発行
令和 3 年11月30日　　　　第2刷発行
編　者　中央労働災害防止協会
発行者　平山　剛
発行所　中央労働災害防止協会
〒108-0023　東京都港区芝浦3-17-12
販　売／TEL　03-3452-6401
編　集／TEL　03-3452-6209
ホームページ　https://www.jisha.or.jp

印　　刷：熊谷印刷(株)
イラスト：田中 斉
デザイン：(株)アルファクリエイト
©JISHA 2016　　21572-0102
定　　価：242円(本体220円+税10%)
ISBN978-4-8059-1720-6　C3060　¥220E

 本書の内容は著作権法によって保護されています。
本書の全部または一部を複写(コピー)、複製、転載
すること(電子媒体への加工を含む)を禁じます。